ERICH RAUSCHENBACH

Kann denn FÜNFZIG Sünde sein?

CARTOONS

WILHELM HEYNE VERLAG
MÜNCHEN

HEYNE ALLGEMEINE REIHE
Nr. 01/10063

Umwelthinweis:
Dieses Buch wurde auf
chlor- und säurefreiem Papier gedruckt.

Wilhelm Heyne Verlag GmbH & Co. KG, München
Printed in Germany 1997
Umschlaggestaltung: Atelier Ingrid Schütz, München
Gesamtherstellung: RMO, München

ISBN: 3-453-11661-5

Dafür, daß du schon 50 bist, siehst du toll aus! Kaum Falten, prima Figur und ein echt unspießiges outfit!
Wenn du wüßtest, was ich dafür tun muß: Jeden Morgen Gymnastik und abends joggen und auf's Sattessen verzichten, kaum noch Alkohol und einmal im Monat zur Kosmetikerin!
Denk doch mal dran, wie alt man früher mit 50 schon war! Wohlbeleibt, „gesetzt" und statistisch fast schon tot! Du bist sportlich, dynamisch und topfit!
Alles nur äußerlich. Wer weiß, wie's drinnen aussieht? Vom Herzinfarkt über Rheuma bis Krebs ist alles drin. In den Todesanzeigen meldet sich jetzt auch schon verstärkt mein Jahrgang ab...

Ich finde es super, wie Sie in Form sind! Letzte Woche beim Betriebsfest haben Sie fast alle unter den Tisch getrunken und wie ein junger Gott getanzt.
Au Scheiße! An den Abend kann ich mich überhaupt nicht mehr erinnern! Die ganze Woche danach war ich klinisch tot. Und den Muskelkater vom Tanzen merk ich heute noch.
Jemand wie Sie könnte ich mir trotz des Altersunterschiedes echt als Freund vorstellen. Mit Ihnen kann man auf Parties und Popkonzerte gehen und Freunde treffen. Ich mag reife Männer irgendwie.
Popkonzerte! Schon der Gedanke an die Bedröhnung macht mich taub. Und außerdem ist die mir ein paar Jahre zu jung. Wahrscheinlich sucht sie nur einen Vaterersatz.

Dir bekommt das Älterwerden richtig gut! Du bist reifer, männlicher, ruhiger und verständnisvoller und nicht mehr so aufbrausend wie früher. Und als Liebhaber bist du auch zärtlicher und geduldiger geworden.
Im Grunde freut sie sich nur, daß ich mit zunehmendem Alter für die Konkurrenz weniger interessant werde, daß ich nicht mehr um die Häuser ziehn kann wie früher, öfter meine Ruhe haben will und nicht mehr Tag und Nacht nur ans Vögeln denke.
Genieß es, daß du nicht mehr ganz so hart ackern mußt wie bisher und nutz die Freizeit zum Entspannen und Erholen.
Von wegen! Die Zeit rast weg wie noch nie! Ich hab Angst, daß ich nicht mehr alles schaffe, was ich noch vorhabe. Steinalt müßte man werden! Aber nur pupsgesund und mit viel Kohle! Und ab und zu ein bißchen Sex.
Gray

Der erste von den Kids,
der aufsteht und mir einen
Sitzplatz anbietet, kriegt
eins in die Fresse.

Mein Sohn, du weißt, ich hatte es wahrlich nicht einfach in meiner Jugend!
Deshalb habe ich beschlossen, daß du es im Leben besser haben sollst als ich!
Wie du das allerdings anstellst, überlasse ich einzig und allein dir!

Die Röcke werden immer kürzer, ...
... die Blusen immer durchsichtiger ...
... und die Frauen immer jünger.
Das ist der Frühling!
Blödsinn! Das ist das Alter

Wahnsinn, diese vielen kleinen Lagerfelds überall!
Kaum noch Haare auf'm Kopp, aber 'nen Pferdeschwanz.
Meiner ist länger!
Meiner ist dicker!
Meiner ist buschiger!

Mit deiner ewigen Protesthaltung wirst du im Leben nie das erreichen, was deine Mutter und ich geschafft haben!

sekunde bitte...
PRRRRFFFFRRRZZZRXSSS
Tschuldigung ... der viele Knoblauch ... na Sie wissen schon ... wo waren wir gerade stehengeblieben?

Versteh mich bitte nicht falsch: Ich habe überhaupt nichts dagegen, daß du dir ab und zu gern Fotos von nackten Frauen ansiehst...
Ich empfinde es nur mittlerweile manches Mal als Affront, daß es immer nur so junge Dinger sind.
Warum siehst du dir keine Pinups von Frauen in meinem Alter an?

2 Donnerstag
3 Freitag
4 Samstag
Helga küssen!
WOCHE
Na, dann wollen wir mal wieder...

Haste mal fünf Mark? Kriegste auch garantiert zurück.
Soll das'n Witz sein? Wie soll ich die denn je zurückbekommen?
Noch nie was vom „Generationen-Vertrag" gehört, wie?
Ich muß doch demnächst deine Rente finanzieren, ey!

Das darf doch nicht wahr sein! Wie geht's denn so?
So eine Überraschung! Danke, gut, und selbst?
Kein Grund zur Klage. Alles bestens.
Wir haben uns ja eine Ewigkeit nicht gesehen!
So isses! Ich ruf demnächst mal an! Ehrenwort!
Oder ich! Versprochen! Gruß an zuhause! Bis demnächst!
Woher kenn ich den bloß?
Keine Ahnung, wer das war.

Was haltet ihr davon, wenn wir das „Zipperlein-Spiel" machen, Jungs?
Au ja!
Toll!
Du fängst an!
Also... Ich hab ein Zipperlein, das ihr nicht habt, und das zwickt folgendermaßen: ...

...und du glaubst wirklich, es rettet unsere Beziehung, wenn wir ein gemeinsames Wochenende an dem Ort verbringen, an dem wir uns zum ersten Mal ineinander verliebt haben?...

Das Allerschlimmste war für mich damals der radikale Verlust jeglicher Mitte!
Der kontinuierliche Zuwachs an den Rändern war zwar anfangs ein Trost, muß aber heute mehr denn je unter Kontrolle gehalten und von Zeit zu Zeit energisch gestutzt werden!
Hallo, Jungs! Diskutiert ihr etwa immer noch wie in alten Zeiten die globale politische Entwicklung?
Nicht doch. Kalle redet über seine Haarprobleme.

Irgendwie bin ich stolz darauf, daß ich kein Spießer geworden bin.
NICHT-SPIESSIGES REGAL
NICHT-SPIESSIGE LEUCHTE
NICHT-SPIESSIGES BILD
NICHT-SPIESSIGE VASE
NICHT-SPIESSIGER SEKRETÄR
NICHT-SPIESSIGER TEPPICH
Nicht-spießiger Kaktus
NICHT-SPIESSIGE SITZ-GRUPPE
NICHT-SPIESSIGER FERNSEH-SESSEL

Hoffentlich sieht er meine Bauchfalte nicht...
Hoffentlich merkt sie nicht, daß ich ohne Brille nichts mehr sehe...

Weißt du noch, wie wir beide vor 20 Jahren in dem kleinen Hotel in Paris waren?
Das war nicht ich! Das war diese rothaarige Tipse Carola aus deiner Firma, mit der du mich damals betrogen hast!
Die ist dir nachgefahren, als du mit deinem Fußballverein in Paris warst.
Und das ganze Wochenende habt ihr ohne Unterbrechung nur im Bett verbracht.
Und als sie wieder weg war, hast du auch noch diese kleine Studentin aus Bordeaux vernascht.
Yvonne hieß sie und hat dir danach fast täglich auf Französisch geschrieben, was für ein toller Typ du gewesen wärst.
Ehrlich? Ich kann mich überhaupt nicht mehr erinnern!
Aber ich!
Ich weiß echt nicht, was ich ohne dich machen würde!

Meine Lebenserwartung als Mann ist statistisch fast 10 Jahre niedriger als deine.
STATISTIK
Mein Risiko, durch Gewalt oder im Straßenverkehr umzukommen, ist fast doppelt so hoch wie deins.
STATISTIK
Männer erkranken vier- bis fünfmal häufiger an Bronchitis und Asthma und sind dreimal stärker drogen-gefährdet als Frauen...
STATISTIK
und das Risiko, an Krebs oder Bluthochdruck zu sterben, ist für mich als Mann 40% höher als für dich!
STATISTIK
Und da machst du mir eine Szene wegen dieser kleinen Reiseleiterin!!!

Schon geschlagene 25 Minuten hüpfte die neue Putzfrau von der Firma „Wir putzen im Tanga!" für teures Geld vor ihm herum, ohne auch nur die geringsten Anstalten zu machen, endlich mit dem Saubermachen anzufangen.

Versuch halt, es zu ignorieren, es ist nur ein Werbegag der Brauerei.

Ich finde dich einfach lächerlich!
Wenn du meinst, du kannst mich damit provozieren, täuschst du dich.
Entweder du machst sofort dieses Ding raus, oder es ist aus zwischen uns!

Nee, du, diese Woche geht's nich, da is alles zu, echt, nix zu machen ...
TERMINE
Heute geht's gar nich, da ist Volleyball.
TERMINE
Morgen geht's auch nich, da is Stammtisch.
TERMINE
Mittwoch is Konzert ...
TERMINE
Warte mal... Donnerstag ginge... das ließe sich machen, das is nich ganz so wichtig ...
TERMINE
Donnerstag ist unser Bumstag.

Seit Monaten ging Hedwig Morgen für Morgen auf dem Weg ins Büro an Günther vorbei, dem absoluten Mann ihrer Träume, den sie wegen ihrer Kurzsichtigkeit und der strikten Weigerung, ihre Brille in der Öffentlichkeit zu tragen, jedoch nicht erkannte. Günther hingegen war nicht in der Lage, sich bemerkbar zu machen, weil er wegen seiner neuen Zähne nicht pfeifen konnte.

Gestern nacht hab ich zum ersten Mal meine Frau mit ihrem eigenen Lieblingstrick reingelegt. Und sie hat's nicht gemerkt!
Ich hab ihr auch einen Orgasmus Vorgetäuscht!

Die ist mir zu jung – könnte ja meine Tochter sein ...
ADAM + EVA
PARTNER-VERMITTLUNG
Die ist mir zu alt – Könnte ja meine Frau sein.
ADAM + EVA
PARTNER-VERMITTLUNG

amerik. od. oesterr. Schriftstellername
Leber-freundliches Ersatzgetränk
positive Alters-errungenschaft
Bilder-Rätsel
Abk. f. „Bananenrepublik"
Musik für Grufties
feucht-fröhlicher Zuruf
französ. Salz
ein Laster, das viele aufgeben
Einmal in's Bett mit ihr!.....
englische erogene Zone
engl. Schnäppchen
M I S S I O N A
Gerät zum Signal-empfangen
durchsichtiges Foto
sorglose Männer
Institution
sexistisch-chauvinistisch für „Frau"
Namensschild f. Nichtbekannte
ein prominenter, toter Oldie
Tugend älterer Herren
nordeurop. Mann
Abk. f. „Numerus cunnilingus"
Wer war zuerst da, die Henne oder das..
seltenes Exemplar
engl. Abk. f. Vereinte Nationen
Darstellungsform in der Kunst
Zahl unter dem Bruch
gern gesehenes Kleidungsstück
Kommt in ca 15 Jahren

ein Fuffziger vor mehr als 40 Jahren
die späte ist meistens süß.
„... an die Bouletten!"
französ. Hintern
glauben, annehmen, sich einbilden
„Schalten und ....."
nordeuropäischer Trinkspruch
die Ur-Frau
engl.: benutzen
Makeup
... ist angeblich Macht
feministisch für „Mann"
franz. Eleganz
lebensnotwendiger Überfluß
Abk. f. „männlich, kräftig, gescheit"
STELLUNG
Frauenvorname
engl Frühstücksbestandteil
Ausruf
flüssige Nahrung
Sex von hinten
Chinesisch-Kosmisch für „das Weibliche"
Ausruf
Süsses zum Knabbern
Abk. f. „Deutsches Theater"
Berliner Ausdruck: „Dir ..... kennick!"
Abk. f. „Internationale Frauensolidarität"
deutsches Frühstücksbestandteil
für viele der allerletzte Aufenthaltsraum
Flächenmaß

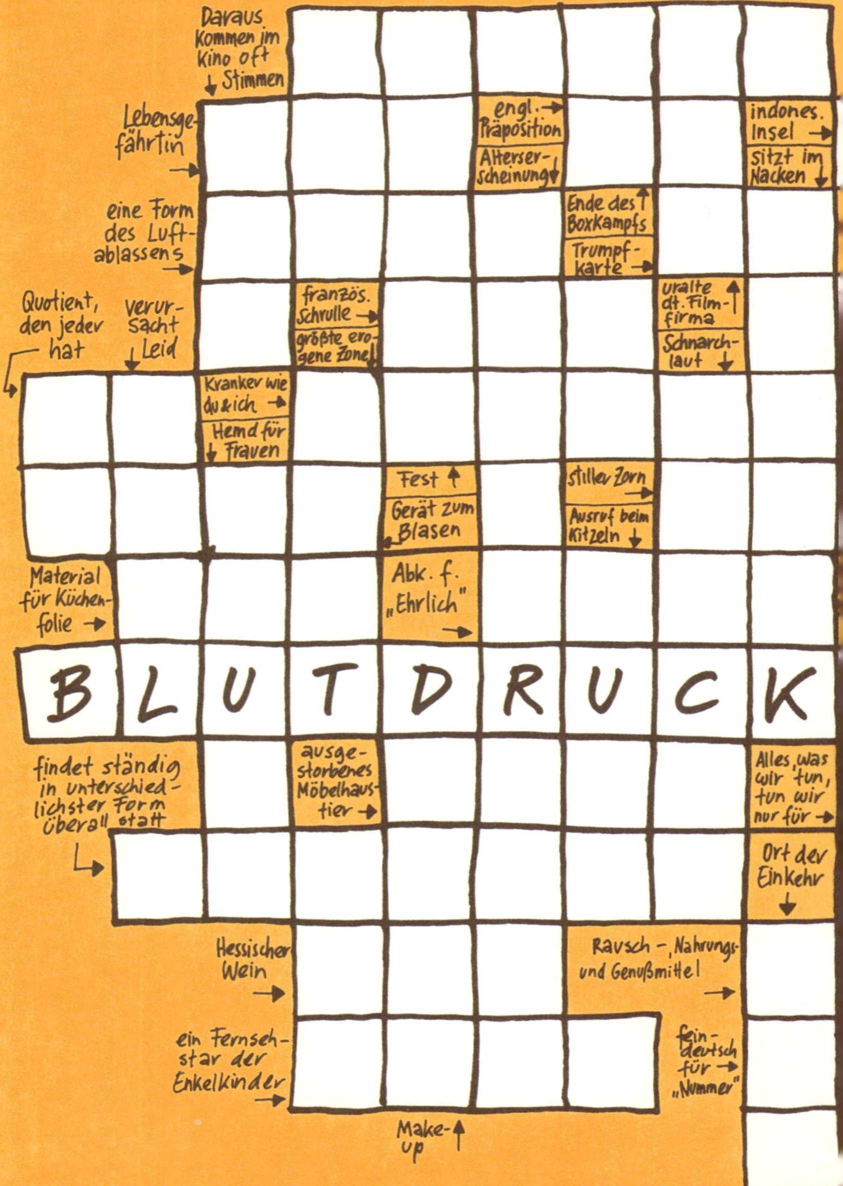
Daraus kommen im Kino oft Stimmen
Lebensgefährtin
engl. Präposition
Alterserscheinung
indones. Insel
sitzt im Nacken
eine Form des Luftablassens
Ende des Boxkampfs
Trumpfkarte
Quotient, den jeder hat
verursacht Leid
französ. Schrulle
größte erogene Zone
uralte dt. Filmfirma
Schnarchlaut
Kranker wie du & ich
Hemd für Frauen
Fest
Gerät zum Blasen
stiller Zorn
Ausruf beim Kitzeln
Material für Küchenfolie
Abk. f. „Ehrlich"
BLUTDRUCK
findet ständig in unterschiedlichster Form überall statt
ausgestorbenes Möbelhaustier
Alles, was wir tun, tun wir nur für
Ort der Einkehr
Hessischer Wein
Rausch-, Nahrungs- und Genußmittel
ein Fernsehstar der Enkelkinder
feindeutsch für „Nummer"
Make-up

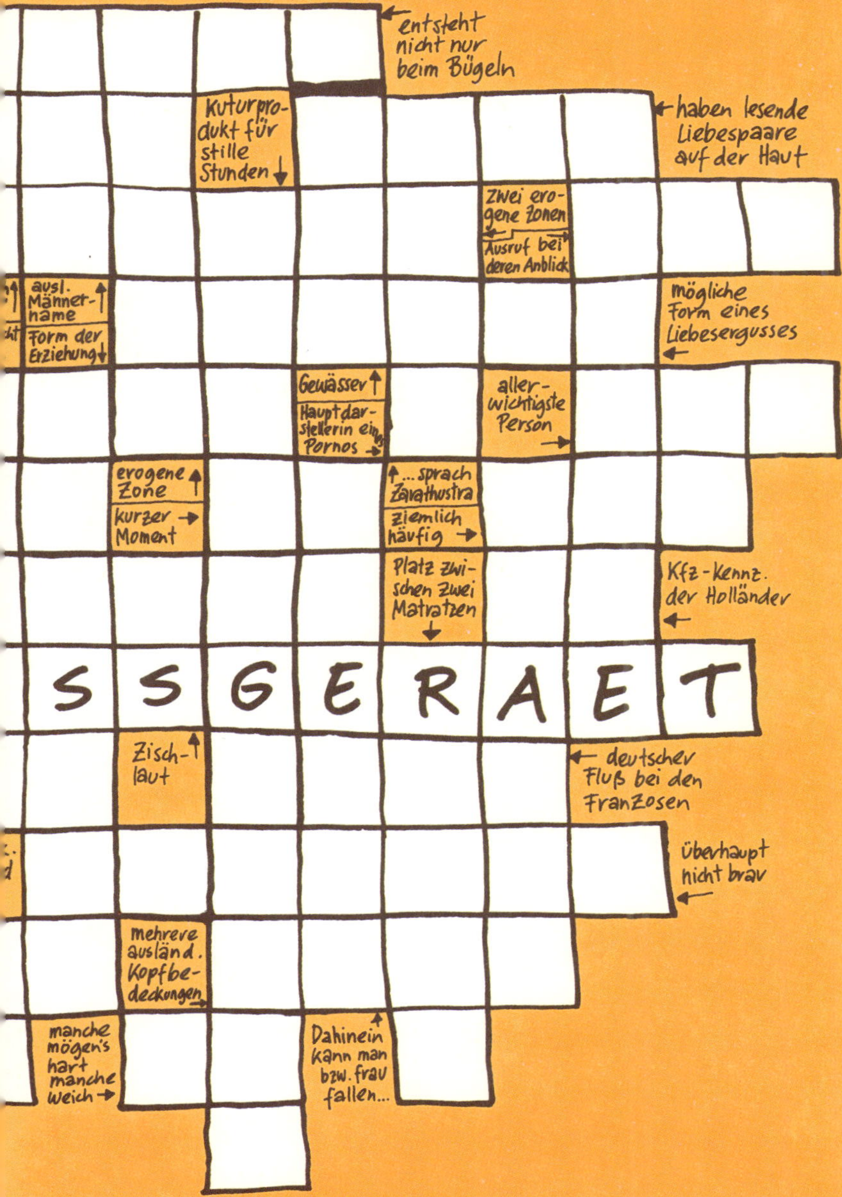
entsteht nicht nur beim Bügeln
Kuturprodukt für stille Stunden
haben lesende Liebespaare auf der Haut
Zwei erogene Zonen
Ausruf bei deren Anblick
ausl. Männername
Form der Erziehung
mögliche Form eines Liebesergusses
Gewässer
Hauptdarstellerin eines Pornos
allerwichtigste Person
erogene Zone
kurzer Moment
... sprach Zarathustra
ziemlich häufig
Platz zwischen zwei Matratzen
Kfz-Kennz. der Holländer
S S G E R A E T
Zischlaut
deutscher Fluß bei den Franzosen
überhaupt nicht brav
mehrere ausländ. Kopfbedeckungen
manche mögen's hart manche weich
Dahinein kann man bzw. frau fallen...

Jugend forscht,
Alter porscht...

Weißtu, woran ich merke, daß ich alt werde: Ich hab Gedächtnisschwund! Ich weiß morgens so gut wie nie, wieviel Biere ich am Abend vorher getrunken hab.
Kenn' ich, Kenn' ich! Das nennt sich „Alkheimer Krankheit".

Ohne meine Brillen fühl ich mich regelrecht nackt.
Ich ohne mein Haarteil.
Und ich ohne meine Zähne.

Also abgemacht:
Ich denk heute dabei an
Madonna und du an Mick Jagger...
Ongy

Das nenn ich ausgleichende Gerechtigkeit: Das Bier wird zwar von Jahr zu Jahr teurer, aber dafür reicht einem mit zunehmendem Alter auch immer weniger.
Erl 94

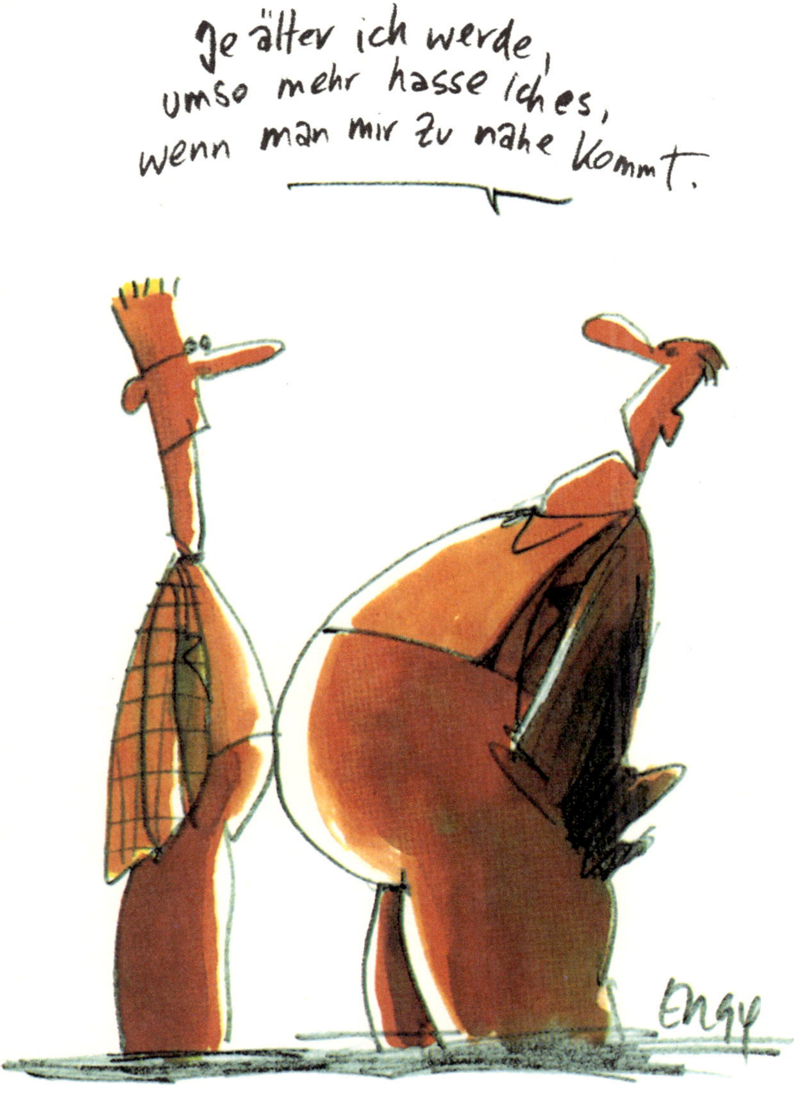
Je älter ich werde, umso mehr hasse ich es, wenn man mir zu nahe kommt.

„Fette Wampe"! „Fette Wampe"! „Ich hör immer „fette Wampe" – aber ich kann im Spiegel beim besten Willen keine erkennen.
Ensy

Ich bin überzeugt, der Eheberater meinte was ganz anderes, als er davon sprach, daß wir uns wieder mehr den kleinen Dingen des lebens zuwenden sollen...

Weil die Geschäfte gut laufen und Klaus Angst hat vor einem Herzinfarkt, hat er mir gestern versprochen, sich demnächst wieder mehr um mich zu kümmern und alle Abende und Wochenenden mit mir zu verbringen statt in der Firma!
Ich darf gar nicht dran denken!

Sorry, Jungs, ich hau ab, ich muß morgen fit sein.
Gestern hatte 'n Kollege von mir 'nen Infarkt – der ist gerade mal ein Jahr älter als ich.
...mein neues Blutdruckmeßgerät hab ich immer dabei!
Fünf Biere – und den nächsten Tag kann ich echt vergessen
Fürchterlich, dieser Qualm in den Kneipen!
Viel Alk ist schlecht für die Hämorrhoiden, hat mir mein Arschologe gesagt.
Ich hab'ne Leber wie'n Baby, aber der Rest...
Stammtisch
Ich trink noch'n Wasser, aber ohne Kohlensäure.
Harte Sachen sind tödlich! Schnaps trink ich schon ewig nicht mehr.
In dieser Kneipe trifft sich Martin seit zig Jahren ein Mal im Monat beim Stammtisch, und dann lassen die Jungs die Sau raus.

Fakt ist: Leistung muß sich endlich wieder lohnen!
Höhere Abgaben für Besserverdienende bedeuten weniger Investitionen, weniger Investitionen heißt weniger Arbeitsplätze...
... mehr Arbeitslose heißt mehr Radikale und mehr soziale Unruhe und damit weniger Demokratie!
Kalle kenn ich noch von der Uni. Damals war er ein echter Achtundsechziger.
Heute ist er ein falscher Fuffziger.

Mein Job stinkt mir.
Meine Ehe langweilt mich.
Die Politik ist zum Kotzen.
Und Kneipengespräche öden mich an.
Ich glaub, ich hab die midlife-crisis.
Ich würde eher sagen, du fängst langsam an, durchzublicken.

Ich bin damals nur in die Politik gegangen, um so schnell wie möglich an die dicke Kohle zu kommen!
Von wegen „dem Volke dienen" und so... Da kann ich doch nur kichern!
Ihr könnt euch gar nicht vorstellen, was man so alles reingesteckt bekommt, wenn man bestimmten Leuten ein paar Gefallen tut..
Und Karriere hätte ich in jeder Partei gemacht! Ob „links", „rechts" oder „Mitte" – das ist mir piepegal!

„Wer zahlt, kann auf mich zählen" – das ist mein politisches Credo!
Und was euren sogenannten „Wählerwillen" angeht – das wißt ihr doch selbst am besten, daß das nur Kokolores ist! Stimmt's?
Seine Wiederwahl ist so gut wie sicher. Er ist die mit Abstand ehrlichste Haut, die wir hier je als Kommunalpolitiker hatten.

...und nun, liebe Hörerinnen und Hörer, können sie sich auf etwas ganz Außergewöhnliches in Ihrer Sendung „Klassik für Kenner" freuen: ...
Aus einer soeben erschienenen neuen CD mit einer sensationell sammlung neu entdeckter erotisc Minnelieder aus dem mittelalterlich Spanien hören sie jetzt zwei de extrem deftigen und frivolen Stücke.
Die Texte dieser prallen Balladen waren mit ihren unverblümten Schilderungen sexueller Praktiken nicht nur vor gut 600 Jahren eine Provokation, sie sind es noch heute!
Hören Sie also jetzt die beide Lieder „Die Lanze ist ganz krum und „Wann bläst du die Schalm mein" Schatz?", vorgetragen vom Bielefelder Männerchor...
...und zwar in der Original-sprache Alt-Katalanisch.

Weil wir Eheprobleme hatten, hat unser Therapeut uns empfohlen, unbedingt vor jedem Streit erst etwas zu essen...
jetzt haben wir Gewichtsprobleme.

ZACK!
ZACK!
Ich geh ins Bett. Kommst du auch?
ZACK!
En 94

Gottseidank hat Älterwerden auch Vorteile! Ich hatte als junger Typ öfter Probleme mit vorzeitiger Ejakulation.
Davon kann mittlerweile überhaupt keine Rede mehr sein!
Jetzt geht die Tendenz eher zum vorzeitigen Einschlafen.
Nagy

Je älter du wirst, um so mehr ähnelst du Robert Redford!
Willstu mich verarschen? Guck mich doch an…
Kaum noch Haare auf'm Kopf, Bierbauch, Hängearsch…
Jetzt, wo du das sagst, fällt mir das auch auf. Schade, vorher hast du mir besser gefallen.

Das sind die Prachtexemplare meiner Sammlung! Der hier ist von Frank Lloyd Wright. 1905.
Und der ist von Pierre Chareau. 1928.
Der hier ist von Walter Gropius. Circa 1920.
Und der ist von meiner Oma. In dem sitz ich am liebsten.

Direktor Vorfelder beim Beschmieren der Interconti-Toilettenwand.

Soll ich euch mal was sagen: Ich würde sonstwas dafür geben, wenn ich mal wieder wie früher eine ganze Nacht total verrückt rumvögeln könnte!
Ist doch harmlos, ey! Ich würde sonstwas dafür geben, wenn ich mal wieder im Mondschein auf 'ner Parkbank wie irre rumknutschen könnte!
Na, und ich erst, ey! Ich würde sonstwas dafür geben, einmal wieder wie'n Schüler verliebt zu sein und stundenlang Händchen zu halten!

Glaub mir, in deinem Alter hab ich locker ganze Nächte durchgemacht! Aber holla!
Was hab ich geschluckt und geraucht! Und gar nicht selten auch noch bis in die Puppen gerögelt!
Ich werde das Gefühl nicht los, bei euch läuft das irgendwie anders heutzutage.
Da hast du recht: Es wird halt jetzt viel weniger geraucht.

Als junger Spritzer wollte ich unbedingt ne Kranken-schwester als Freundin, weil es hieß, daß die besser bumsen.
Jetzt such ich mir wieder eine, weil man nie weiß, ob man sie mal plötzlich nötig braucht.

Ich bums schon lange nicht mehr so durch die Gegend wie früher! Mittlerweile find ich die meisten Frauen ganz schön stressig.
Keine läßt einen hinterher in Ruhe! Alle versuchen irgendwie, zu Klammern! Ich hasse Klammern!
Wenn's nach mir ginge, hieß es: „Du gefällst mir!"– Rein in's Bett!– "Sex pur!– „War schön! Tschüß!" Und das war's!
Da brauchst du bei mir keine Angst zu haben! Echt! Ich seh das genau wie du! Ich laß dich danach in Ruhe und du mich! Abgemacht?!
Wahnsinn! Die Frau muß ich unbedingt wiedersehen!

Ich steh' neuerdings verstärkt auf Zwanzig-jährige. Die wollen meistens einfach nur gestreichelt werden.
Frauen in unserem Alter sind mir zu stressig. Die tun jedesmal so, als wär's das letzte Mal.

„Lebensmitte" – „Sinnkrise" – „Fünfzig-Jahre-Tarzan-sind-genug!" – ich kann's nicht mehr hören! Dann steig doch endlich aus und werde Wirtschaftsberater!